Hühnchen Kühnchen

von ‚Gill Munton'
Illustrationen: ‚Christine Pym'

Tock!

Aua! Die Sonne ist mir auf den Kopf gefallen!

Hühnchen Kühnchen rannte zur Scheune.

Henne Tenne! Die Sonne ist mir auf den Kopf gefallen! Sollen wir zu Hahn Kahn gehen und es ihm erzählen?

Hühnchen Kühnchen und Henne
Tenne rannten auf den Hof.

Hahn Kahn! Die Sonne ist mir auf den Kopf gefallen! Sollen wir zu Ente Rente gehen und es ihr erzählen?

Sie rannten alle zusammen zurück
in den Garten.

Ente Rente! Die Sonne ist mir auf den Kopf gefallen!

Die Sonne,
Hühnchen
Kühnchen?

Sieh nach oben,
Hühnchen
Kühnchen!

Siehst du all die Nüsse?
Eine Nuss ist dir auf den
Kopf gefallen!
Nicht die Sonne!

Eine Nuss?

Eine Nuss,
Hühnchen
Kühnchen!

Erzähle nach

Es war einmal …

Ende